AF434250

EXPRESIONES

ExLibric

BERNARDO JESÚS BADOS PÉREZ

EXPRESIONES

EXLIBRIC

ANTEQUERA 2022

EXPRESIONES
© Bernardo Jesús Bados Pérez
Diseño de portada: Dpto. de Diseño Gráfico Exlibric

Iª edición

© ExLibric, 2022.

Editado por: ExLibric
c/ Cueva de Viera, 2, Local 3
Centro Negocios CADI
29200 Antequera (Málaga)
Teléfono: 952 70 60 04
Fax: 952 84 55 03
Correo electrónico: exlibric@exlibric.com
Internet: www.exlibric.com

ISBN: 978-84-19269-81-2
Depósito Legal: MA 1141-2022

Nota de la editorial: ExLibric pertenece a Innovación y Cualificación S. L.

BERNARDO JESÚS BADOS PÉREZ

EXPRESIONES

Abstract: El estudio de las expresiones, conocimientos tradicionales y el folclore en el ámbito de la propiedad intelectual nos induce a una exhaustiva labor investigadora siempre incompleta y repleta de enigmas subyacentes a los propios derechos.

Desde la sinceridad del estudio, el trabajo recorre el análisis, crítica y particularidades de la materia en un ejercicio comparativo y documentado de diversas misiones exploratorias realizadas por la OMPI y auspiciado por la Normativa Comunitaria e Internacional ante los Derechos de Propiedad Intelectual, materia impartida en nuestra Universidad.

Palabras clave: conocimientos tradicionales, folclore, derechos de autor, propiedad intelectual e industrial, comunicación, visión espiritual.

Índice

I. Premisas: Estado, colectivos y conocimientos tradicionales

Cuestiones primordiales en el objeto del estudio es contestar a preguntas tales como: ¿A quién pertenece el patrimonio cultural de una nación? O ¿qué relación existe entre la protección de la propiedad intelectual y el fomento de la diversidad cultural? Y por añadidura, ¿qué políticas satisfacen mejor las necesidades de un dominio público creativo y multicultural?

Por definición natural y la atribución subjetiva de la delimitación de las naciones, entendemos que el patrimonio cultural de una nación pertenece intrínsecamente a ella misma, tanto por el arraigo de sus elementos como de la propia composición que sustenta, siempre y cuando no existan elementos separatistas diferenciadores.

Partiendo del concepto de obra que la Ley Francesa[1] atribuye a las realizadas por el espíritu, de sus acepciones subjetiva y objetiva entendidas de distinta forma (crear algo novedoso y no haber copiado una obra de otro), se puede afirmar que solo son obras las actividades del espíritu humano dotadas de originalidad objetiva y consideradas como novedosas.

La diversidad cultural que emerge en la creación y transmisión de expresiones culturales tradicionales y del folclore es abordada por los medios de comunicación que facilitan el ac-

---

[1]   Loi du droit d'auteur («Ley de derecho de autor»), 1791.

ceso a lo que se considera propiamente obras, cuyo fomento y existencia misma debe ser objeto de protección por la propiedad intelectual: protección que debe extender sus redes al ámbito de las naciones como titulares indiscutibles de su patrimonio cultural amparando los grupos creadores.

En el Derecho Comparado (EE. UU., Francia, Alemania, España, México) y Tribunales Europeos (TJCE) de no aceptar la autoría de las personas jurídicas de obras anónimas o publicadas con seudónimo centrados en la figura del autor, los Estados por definición son naciones organizadas e independientes que gozan de soberanía, sociedades territoriales, jurídicamente organizadas que persiguen el bienestar general, y que, como tales, deberían ser los titulares y protectores de sus expresiones y manifestaciones culturales. En caso contrario, estaríamos al margen de la necesaria protección de la propiedad intelectual internacional de su cultura.

Cultura es obra, considerada como colectiva, en colaboración, compuesta, derivada, independiente, audiovisual, musical.

La interacción entre la creatividad colectiva y la creatividad intelectual por un lado y las adaptaciones o arreglos contemporáneos de material tradicional por otro nos abocan a la transformación de las obras en relación a la inspiración, con el requisito de un alto grado de originalidad que puede definirse como susceptible de protección de derecho de autor.

Conviene diferenciar que la autoría no es lo mismo que una creación intelectual, aunque participa de ella (actividad técnica consustancial a la obra, pero que no es obra), por lo que las adaptaciones o arreglos así considerados serían descafeinadas propuestas objeto de protección en el ámbito de las expresiones culturales tradicionales. Se aboga en su caso por la conservación original de los materiales tradicionales a pesar de que las adaptaciones y actualizaciones con tintes de originalidad deben ser objeto inclusive de protección.

Las expresiones culturales tradicionales o del folclore son creadas por autores desconocidos, comunidades o individuos de los que se presume su autoría; pueden considerarse obras anónimas o simplemente no registradas, pero fielmente son el reflejo y la evolución de las costumbres, del transcurso de la historia, de los avatares y modos de vida y, por ello, corresponde a las personas naturales o jurídicas representantes de esa diversidad el ejercicio de los derechos de propiedad intelectual, el Estado y territorios como entelequias unitarias.

Las expresiones verbales, las musicales, las corporales, las tangibles, las formas arquitectónicas pueden traducirse en obras literarias, musicales, artísticas, expresadas por cualquier medio de soporte y dotadas a todos los efectos de los derechos consustanciales, morales y patrimoniales: la integridad, la paternidad, la explotación, la reproducción, la puesta a disposición del público y la actuación.

Son inevitables e innumerables las relaciones de las manifestaciones culturales tradicionales como fuente de inspiración y de creatividad para las industrias, por ejemplo, del espectáculo, la artesanía o el diseño, a través de su incardinación en el ámbito de la propiedad intelectual de los contratos de edición, de composición musical, de producción, de obras audiovisuales, de transformación de obras preexistentes en los pujantes sectores correlativos que pretenden y, aunque no siempre, desarrollan el beneficio económico de las comunidades.

Se generan así derechos de explotación en la relación tradición y mercado, no exenta de controversia y de polémica a debatir.

Conviene referir la unión del uso del material cultural tradicional con las obras derivadas que tipifica nuestra Ley de Propiedad Intelectual: es la transformación de una obra preexistente (obra originaria), creando algo sustancialmente diferente; si no, sería un plagio y los derechos de explotación deben autorizarse, siendo objeto inclusive del ámbito y objeto de la propiedad intelectual.

Se considera que el préstamo y uso para la inspiración y la recompensa de la improvisación no son elementos que permitan discernir la frontera entre lo adaptado o transformado y su base original[2].

El elemento espinoso de la relación protección de la propiedad intelectual y patrimonio cultural estriba en la canalización adecuada de las personas que registran las expresiones culturales y obtienen los derechos de autor. En la actualidad el paso de las creaciones a dominio público desmitifica el ámbito que cualquier protección de derechos pueda preservar. No obstante, y pese al

---

[2] Con respecto a la comercialización de expresiones del folclore, participantes en las reuniones de las misiones exploratorias de Asia Meridional realizadas por la OMPI entre el 28 de septiembre y el 14 de octubre de 1998 en Bangladesh, India y Sri Lanka con los objetivos de Protección en materia de Propiedad Intelectual, Catalogación y Medios de Protección de los conocimientos tradicionales, señalaron que hay un amplio mercado para las adaptaciones modernas de expresiones del folclore, particularmente las modernas adaptaciones de la música tradicional. Evaluaron esta condición como una oportunidad que facilita la conservación, pero también como un obstáculo que hace más difícil la conservación fiel (los mercados, en aras de las adaptaciones, pueden desafiar la conservación del folclore en sus formas puras).

dominio público, aspectos de índole moral como la integridad y la paternidad de la obra (en estos casos, de compleja concreción) han de ser respetados.

Es inevitable, como ocurre en el mercado del arte, la circulación de capitales y fortunas, y el aprovechamiento ilícito de las creaciones populares y/o públicas. ¿Cuál es exactamente la legitimación de los que se erigen en custodios de las expresiones culturales o tradicionales del folclore? ¿Qué acceso tienen ciertas y determinadas comunidades a una protección jurídica de ámbito internacional? ¿Existen paraísos artísticos inéditos sin acceso público? Supondrían debates a profundizar confabulados con la inalienabilidad, la inembargabilidad, la irrenunciabilidad, imprescriptibilidad y la inherencia de los derechos morales de las comunidades y los autores[3].

Es necesaria la referencia a la Normativa Comunitaria y la Internacional sobre Propiedad Intelectual. En términos generales, el contenido de las Directivas sobre derechos de autor y en el ámbito que ahora se trata puede reconducirse a los siguientes puntos: la armonización de aspectos de los derechos de autor, el respeto a los derechos de propiedad intelectual, así como el beneficio de los autores en obras de arte originales con los ras-

---

[3]   En la misión exploratoria del Pacífico Sur realizada entre el 15 y el 26 de junio de 1998 y en referencia a los Mercados de arte indígena, «Droit de suite», se habló de la función que desempeñan los tratantes de arte en la protección de los derechos de los artistas indígenas. Se ponderó la idea de que los tratantes no deberían facilitar la venta de obras de arte indígena que no sean auténticas, y el deber de ayudar a estos artistas a obtener un beneficio equitativo por su creatividad. Se recomendó la utilización del «Droit de suite», es decir, la obtención de regalías por reventa, de acuerdo con el cual un artista recibe una parte del precio que se pague por su obra en ventas sucesivas posteriores a la primera venta realizada por el artista, como medio de ayuda a los artistas indígenas.

gos propios de las Directivas; la obligación de resultados, actos obligatorios que vinculan a los Estados miembros, la denominada trasposición y su incorporación y adaptación.

Las principales Directivas[4], y de igual modo los Convenios[5], tienen carácter prioritario y se aplican como regla general con los objetivos de conseguir una armonización, una uniformidad.

En general, los derechos de explotación que afectan a los autores reflejan un problema de la ley a aplicar.

En defecto de normativa convencional, la Propiedad Intelectual tiene naturaleza territorial rigiendo la ley de cada país.

---

[4] Directiva 2001/29/CE del Parlamento Europeo y del Consejo, de 22 de mayo de 2001, relativa a la armonización de determinados aspectos de los derechos de autor y derechos afines a los derechos de autor en la sociedad de la información.
Directiva 2004/48/Ce del Parlamento Europeo y del Consejo, de 29 de abril de 2004, relativa al respeto de los derechos de propiedad intelectual.
Directiva 2001/84/CE del Parlamento Europeo y del Consejo, de 27 de septiembre de 2001, relativa al derecho de participación en beneficio del autor de una obra de arte original.
[5] Convenio que establece la Organización Mundial de la Propiedad Intelectual, hecho en Estocolmo del día 14 de julio de 1967 - Instrumento de Ratificación de 12 de mayo 1969.
Convenio Internacional sobre la Protección de los Artistas Intérpretes o Ejecutantes, los Productores de Fonogramas y los Organismos de Radiodifusión, hecho en Roma el 26 de octubre de 1961 - Instrumento de Ratificación de 2 de agosto de 1991.
Convención Universal sobre los Derechos de Autor, revisada en París el 24 de julio de 1971, y Protocolos 1-2 - Instrumentos de Ratificación de 7 de marzo de 1974 y 30 de abril de 1974.
Convenio de Berna para la Protección de Obras Literarias y Artísticas, revisado en París el 24 de julio de 1971 - Instrumento de Ratificación de 2 de julio de 1973.
Convenio para la Protección de los Productores de Fonogramas Contra la Reproducción no autorizada de sus Fonogramas, del 29 de octubre de 1971.
Convención Universal de Ginebra de 1952 sobre Derechos de Autor.

No obstante, el derecho moral de autor también se apoya en el principio de orden público tan reconocido en innumerables Estados. Su uso indiscriminado conlleva el hermetismo en la aplicación del derecho y el problema de la técnica jurídica, según Savigny, era un remedio contra la aplicación de la ley extranjera cuando se dirija a un estado de cosas que el legislador considere perjudicial para el orden social o moral. Los derechos de explotación, como se ha dicho, provienen de contratos, de relaciones contractuales que en teoría deben ser objeto y supuestos de protección internacional[6].

La Organización Mundial de la Propiedad Intelectual gestiona todos los Tratados en Propiedad Intelectual y agrupa países de 187 Estados dependiendo de la ONU.

La preservación del patrimonio cultural y las consultas regionales sobre folclore tienen uno de sus máximos exponentes en la

---

[6] Habida cuenta de que la capacidad negociadora de las comunidades locales y la de terceros, como las entidades comerciales, son muy diferentes, son necesarias las estrategias para ayudar a las comunidades locales en el terreno contractual. Varios organismos y ONG expresaron esta necesidad en diversas reuniones con el Dr. Oryem-Origa y el Sr. John Tabuti del Departamento de Botánica de la Universidad de Makerere, Kampala (Uganda) el 7 de septiembre de 1998. También con el Profesor Rogasian Mahunnah, Director del Instituto de Medicina Tradicional de la Facultad de Ciencias de la Salud de la Universidad de Muhimbili, vinculada a la Universidad de Dar es Salam a 9 de septiembre de 1998 y con el Sr. Peter Toima, Secretario Ejecutivo de la Organización Maa de desarrollo del Pastoreo y la Sra. Anna Gabba, de Canadian Universities Services Overseas (CUSO), y la disposición de prestar ayuda al respecto. Las propuestas se sintetizan en la asistencia y formación para los titulares de conocimientos tradicionales relativa a la negociación, redacción, entrada en vigor y cumplimiento de los contratos, desarrollo de las prácticas contractuales más adecuadas y de directrices y cláusulas tipo para los contratos.

aprobación de la «Convención Internacional para la salvaguarda del Patrimonio Inmaterial» en el año 2003 (UNESCO).

Se plantea si la diversidad legislativa y la deseada y anhelada protección que merecen las expresiones tradicionales culturales y del folclore en el ámbito jurídico abarcan la ubicuidad que debieran merecer para preservar sus raíces y esencias[7].

Es notorio y galopante el avance de la tecnología en el influjo de los desarrollos normativos, tanto en Convenios Internacionales como en la normativa Comunitaria. Por ello, la vinculación con la Propiedad Industrial y el desarrollo económico es ineludible. El silogismo perdura en la desnaturalización de los elementos base de las culturas tradicionales y las expresiones folclóricas, razón por la cual la adaptación a su propia protección queda desvinculada de sus propios recursos.

El desarrollo económico puede considerarse contraproducente a la conservación de la riqueza cultural y tradicional sin que suponga en ningún caso involución.

Es decir, debe separarse el camino de la industrialización y de la tecnología hacia su propio campo de desarrollo de lo propiamente tradicional y de las prácticas consuetudinarias. Por ejemplo, consideramos que no es lo mismo la domesticación natural de las plantas en el avance de una ecología puramente cultural y producto de los conocimientos tradicionales ancestrales

---

[7]   En la ya citada misión exploratoria del Pacífico Sur se afirmó: «No se puede intentar modificar las legislaciones occidentales para satisfacer todas las necesidades de la poblaciones indígenas. Cualquier intento de modificación estará condenado al fracaso, porque el sistema de propiedad intelectual y las necesidades de las poblaciones indígenas son muy diferentes».

en contraste con lo técnico e industrial y los procesos de selección y creación de especies artificiales.

II. Protección: la controversia del desarrollo económico

Son obras y títulos originales y, por tanto, objeto de propiedad intelectual las composiciones musicales, con o sin letra, los motivos, los dibujos, componentes integrales del folclore y de expresiones culturales tradicionales, así como las alocuciones, conferencias, explicaciones de cátedra y cualesquiera otras obras de la misma naturaleza, enmarcadas en la definición del conocimiento tradicional, su forma de transmisión oral y las expresiones.

La concepción de una Ley Global, ley de leyes, y su ámbito de aplicación sería el resultado de dar tratamiento jurídico armonizado a legislaciones nacionales y Directivas Europeas e Internacionales.

Emitir un juicio de adaptación sería una tarea ardua y exhaustiva, y se cifraría en la incógnita de resolver si tanto la Convención Universal sobre Derechos de Autor (París, 1971), el Convenio de Berna y los Convenios para la protección de los productores de fonogramas contra la reproducción no autorizada, como las leyes nacionales de los Estados de la Unión Europea y principalmente la Directiva 2001/29/CE del Parlamento Europeo y del Consejo[8], relativa a la armonización de determinados aspectos de los derechos de autor y derechos afines a los derechos de autor

---

[8]   22 de mayo de 2001.

en la sociedad de la información, y la Directiva 2004/48/CE del Parlamento Europeo y del Consejo[9], relativa al respeto de los derechos de propiedad intelectual, protegen por igual las comunidades indígenas y a los titulares y custodios de las expresiones tradicionales y del folclore de los cinco continentes.

Se induce una difícil tarea de cooperación entre autoridades y adaptación legislativa, así como de acceso a la protección para los oriundos titulares de la que puedan disfrutar.

Eso hace que el concepto de ley global puede resultar un tanto utópico teniendo presentes los controvertidos derechos económicos y el desarrollo comercial.

Una de las más significativas expresiones del folclore es la música, o la musicalidad, lo que nos hace analizar las particularidades de su derecho.

Como creación, introduce ideas y sensaciones que están dotadas de información, de datos en la propia obra. Esa creación necesita ser fijada para su reconocimiento por los demás. Por ello, la capacidad de percepción de la obra no plasmada es difícil de demostrar, esto es, su existencia.

Una de las formas de protección del sistema de derechos de autor es la fijación de la protección de las obras anónimas. La ejecución del canto tradicional o canción da el derecho a las condiciones para la grabación y «fijación» de la interpretación para su posterior comercialización y distribución. La mayoría

---

[9]   29 de abril de 2004.

de formas de propiedad intelectual, como los derechos de autor, pretenden el control de conceder a largo plazo la explotación de sus incentivos comerciales en la dimensión de erigirse como productos nacidos de la creatividad humana. Hay que distinguir «preservación» y «salvaguardia», promover la creatividad, estimular el recurso del público y el control comercial en la identificación, documentación y transmisión del patrimonio cultural, su mantenimiento y viabilidad, así como fijar el mencionado carácter tangible y también intangible de la obra musical y su exteriorización al público directa o a través de mecanismos técnicos como, por ejemplo, audiovisuales (sonido, vídeo y sus variantes).

En la forma de expresión del sonido se exige que haya una originalidad. Por ello, se plantean dudas en los cambios de ritmo o las composiciones que nacen de otra composición: los arreglos y adaptaciones. De ahí la polémica que puede suscitar la transformación y los arreglos del folclore en símil con el de los famosos popurrís, cuya esencia radica en las coreografías o mezcla de canciones continuas o confusas sin que desentonen, coloquialmente «batiburrillo».

Las obras musicales nacen de la creación y por ello tienen que pasar por la inspiración de una persona; en el caso del folclore puede ser una colectividad o la unión de diversas fuentes sedimentadas a lo largo de muchas generaciones. Si bien, la improvisación también se consideraría obra, pues no es necesario que la misma quede fijada en ningún soporte material.

En el desarrollo económico de estas pautas tendríamos la relación inevitable con los contratos de edición, ya comentados, la reproducción, la distribución de la obra y la comunicación pública.

La ausencia de autor nos obliga a pensar en la presunción de la autoría de las obras, bien sean expresiones, conocimientos tradicionales o del folclore; se asimila a una situación o juicio valorativo asentada en la legislación sobre Propiedad Intelectual; rige el principio de causalidad y el efecto probado. En general, el derecho de autor es una presunción *iuris tantum* que admite prueba en contrario: la cuestión es acreditar la legitimación de los titulares como autores. La suspicacia puede reinar en torno a ello; si bien, la catalogación y el registro de Propiedad Intelectual da, o debe dar, fe pública de los derechos[10].

Esta acción propugna el deseado «blindaje» de los conocimientos tradicionales para evitar su utilización abusiva, por lo que sería necesaria una labor homogénea de ámbito internacional de los Registros de cada Estado. El conocimiento de frecuentes abusos en el marco de los derechos ancestrales de ciertas poblaciones indígenas de África o Brasil, plasmado en el acceso al Registro por parte de terceros, de derechos que constituían un patrimonio centenario, pone en solfa este dudoso mecanismo de acreditación. Variante es la Propiedad Industrial, cuya acreditación se realiza por la inscripción en el Registro de Marcas.

---

[10]   Una de las personas consultada por los miembros de la misión exploratoria en el Pacífico Meridional afirmó: «Hemos tenido canciones, conocimientos tradicionales y demás durante cientos de años. No había dudas sobre quien los poseía originariamente, eran originariamente propiedad de una persona, quien luego los transmitía a su clan. Había leyes consuetudinarias claras respecto del derecho a utilizar las canciones y los conocimientos. No había ningún problema en el pasado ¿Por qué hay problemas ahora? Deberíamos comenzar por estudiar cómo protegían las comunidades sus manifestaciones culturales y conocimientos y servirnos luego de los mismos instrumentos consuetudinarios o los instrumentos adaptados a partir de aquellos».

Toda protección jurídica de intereses económicos debe ser justificada y tiene que existir realmente. Las políticas culturales y artísticas, la protección de los titulares de los conocimientos, de la biodiversidad, la propiedad industrial y los recursos genéticos, la protección positiva y la preventiva y la de las nuevas tecnologías, ni que decir cabe que tienen un nexo con el desarrollo económico y comercial.

Los criterios universales de protección son extrapolables a estos ámbitos y se sintetizan en la existencia de una actividad lícita (creación y ejercicio legales, sin usurpación de derechos), la existencia de titulares de buena fe (concepto jurídico indeterminado, pero con ciertos perfiles basados en la ausencia de malicia o dolo), y el componente económico, incluyendo la protección de facultades morales, intrínsecas de los autores, y las consiguientes valoraciones económicas.

No por ello deja de tener efecto que la equidad en la distribución de beneficios y la asimilación a las comunidades indígenas como titulares de conocimientos tradicionales produce efectos contaminantes y una violación de la genuina transmisión de los conocimientos: se altera el orden natural del costumbrismo, alterando la cadena oral de la comunicación[11].

---

[11]   Todos los sistemas de propiedad intelectual parten del problema de que la información tiene valor económico en determinadas circunstancias. Se trata de un problema común a todas las culturas y sociedades. Los participantes en las reuniones de las misiones exploratorias alegaron que las culturas han resuelto este problema básico de diferentes maneras, por medio de sistemas de derechos y obligaciones que regulan la divulgación y la transmisión de los conocimientos tradicionales.
La conservación, vivificación y protección de las tradiciones orales, dada su vinculación a la protección de los conocimientos tradicionales, trata de evitar su desapari-

La referencia a las transmisiones secretas de los conocimientos tradicionales es el máximo exponente de estas alteraciones, portillo abierto para tal vez investigar de forma independiente y también para alterar y tergiversar contenidos hacia formatos más comerciales y de mayor explotación comercial.

Las expresiones de los conocimientos tradicionales y el folclore pueden considerarse como propiedad colectiva lo que resulta un claro inconveniente en su protección y la manifestación de la irregularidad en la previsión de la legislación sobre propiedad intelectual. En general, el marco jurídico y de política cultural prevé los enfoques de protección para favorecer el desarrollo económico, el de evitar usos no deseados por parte de otros y el papel del «dominio público».

La autoría múltiple supone obras en colaboración y obras colectivas, varios autores o coautores: la dificultad es distinguir las aportaciones originales y las meras aportaciones auxiliares. No es difícil discernir las aportaciones de los autores cuando la obra/s es separable; cada uno de los autores tiene su derecho de autor.

---

ción: «En lugar de hablar de protección, tenemos que reavivar las tradiciones orales. La protección es contra la pérdida de conocimientos».

Vid. Entre los indios Pima en el suroeste de Estados Unidos sobre el 1860, el ritual y la ceremonia estaban bien desarrollados, consistiendo en un rico depósito de mitos y leyendas, héroes culturales y embaucadores (Bahr, 1983). Los que mostraban aptitud para recordar esos mitos los narraban a los muchachos, reunidos en círculo durante los seis meses de invierno. En cuatro noches se contaba la historia de cómo se hizo el mundo, de dónde vino la gente y cómo lucharon con monstruos y demonios (Rusell, 1975). Los cuentos de niños también se usaban para transmitir los valores morales y como entretenimiento.

- Weaver, T.: Los Indios del Gran Suroeste de los Estados Unidos, Colecciones Mapfre (1992).

Si las aportaciones son inseparables, los derechos recaen sobre la obra en su conjunto. Si hablamos de autoría múltiple, existe la finalidad de llevar a cabo un trabajo unitario, global.

En nuestro país no se ha previsto una situación especial y se ha acudido a regular la protección por la comunidad de bienes del Código Civil de forma poco ortodoxa.

Los derechos morales son de pertenencia exclusiva de cada autor y los de carácter patrimonial, con lo que se plantean dudas en la difusión, en la prestación del consentimiento, los casos de conflicto, la posible intervención del Derecho Internacional y la protección jurídica de los colectivos a los que nos dedicamos.

Es indiscutible el potencial económico y cultural, y las opciones de comercialización y difusión a través de redes como Internet y la Sociedad Mundial de la Información, la influencia de los recursos genéticos y la distribución de ventajas económicas, las invenciones biotecnológicas, relacionadas con la piratería, la biopiratería y el aprovechamiento ilícito de los conocimientos tradicionales y de expresiones como el folclore.

Los derechos exclusivos de propiedad se muestran insuficientes en aras de erradicar estas conductas consustanciales a las sociedades contemporáneas.

La antítesis de preservar los sistemas consuetudinarios y la transmisión de conocimiento, la relación con la comunidad, la preservación del saber de los ancianos y la observación empírica de generaciones estriban en su propio desarrollo comercial y económico, sin desnaturalizar el asesoramiento y la sensibilización de organizaciones internacionales que velan con sus políticas por ofrecer la protección adecuada a los colectivos.

Quedan acreditados los vacíos legales en la biodiversidad por el simple límite del mar territorial y las fronteras jurídicas propias de la aplicación de los Tratados y Normas autónomas en materia de Propiedad Intelectual, así como la diferencia en el uso de determinados instrumentos internacionales. A modo de ejemplo que ilustra esta afirmación, la Convención para la protección del patrimonio mundial, cultural y natural de la UNESCO tiene un ámbito de aplicación limitado a espacios sujetos a la soberanía estatal, a diferencia de la Convención sobre el Derecho del Mar de 1982, que contiene disposiciones de protección para la totalidad de los espacios marinos, incluyendo el mar territorial, la zona económica exclusiva, así como el alta mar y los fondos marinos.

III. Referencia: patentes y biodiversidad

Por patente entendemos un título de propiedad industrial que protege los hallazgos en el campo de la investigación y desarrollo tecnológico. Así, es patentable cualquier invención nueva que implique una actividad inventiva y sea susceptible de aplicación industrial.

Por su parte, se utiliza el término diversidad biológica o biodiversidad para referirse a la multitud de especies singulares y variedades dentro de las especies presentes en diversos ecosistemas de todo el mundo[12].

Tradicionalmente, las comunidades indígenas establecen una relación directa e íntima con la tierra en la que viven y su medio ambiente natural: son inherentemente ecologistas, reconocen el valor espiritual de todas las formas de vida y preservan su medio ambiente a través del conocimiento ancestral.

La relación actividad inventiva, aplicación industrial y ecosistema o medio ambiente es antitética y antinómica. Naturaleza es la esencia y propiedad característica de cada ser, el estado na-

---

[12]   El artículo 2 del Convenio sobre Diversidad Biológica (CDB) de 1992 define el término como la variabilidad de organismos vivos de cualquier fuente, incluidos entre otras cosas, los ecosistemas terrestres y marinos y otros ecosistemas acuáticos y los complejos ecológicos de los que forman parte; comprende la diversidad dentro de cada especie, entre la especie y de los ecosistemas.

tural del hombre y las especies y principio universal de todas las operaciones naturales e independientes del artificio.

La evolución en la década de los setenta de aplicar sistemas de protección de patente para material biológico, plantas y animales, los llamados derechos de los obtentores, sus sustanciales inversiones, la organización de la productividad y del comercio entroncan en el «asalto» a las prácticas consuetudinarias, la identidad y las creencias estigmatizando los principios básicos del orden natural y la cosmogonía. En un principio hubo un caos, naturaleza primigenia de nuestro universo (conjunto de elementos que se mezclan), naturaleza cambiante de ideas inestables, la realidad se aproximaba a conceptos sin llegar a definirlos formando una masa de ambigüedad integral.

En muchas mitologías el dios supremo y sus ayudantes cogieron el caos y lo doblaron formando un mundo lineal y bipolar, y el ser humano en la revolución neolítica adopta la postura de llegar a las etapas instintivas sin orden establecido por falta de control racional. Después, el paraíso de los cazadores recolectores y el contacto con la naturaleza, la aparición de la agricultura y el valor de la tierra, el nacimiento de las leyes y la regulación, amanecer de la civilización, pero pérdida de contacto con el principio creador, la naturaleza.

Derivaciones inevitables y consecuencia del influjo de la tecnología y el estado de la técnica en los colectivos y comunidades indígenas titulares de los conocimientos tradicionales son las publicaciones defensivas y la catalogación como modo de prevención de la obtención de derechos de propiedad intelectual por parte de terceros (patentes y dibujos y modelos industriales).

El dominio público impide igualmente a la comunidad de origen del conocimiento solicitar los derechos de propiedad intelectual, de ahí la necesidad de la intervención de los Estados.

IV. Visión espiritual y revelación de secretos

Los bienes culturales muebles, los tipos de obras literarias, la música, el baile, las canciones, ceremonias, símbolos y diseños, la narración y la poesía, los conocimientos científicos, agrícolas, técnicos, ecológicos, la medicina, la utilización de la flora y la fauna, los restos humanos, los bienes culturales inmuebles como lugares sagrados, etc., forman el patrimonio de los pueblos indígenas. Estas comunidades tienen una continuidad histórica con las sociedades precoloniales y anteriores a las invasiones que se desarrollaron en sus territorios considerándose distintos de otros sectores de las sociedades que prevalecen actualmente en dichos países, principalmente del Pacífico Sur, África Meridional y Oriental, Asia Meridional, América del Norte, América Central, África Occidental, los Países Árabes, América del Sur y el Caribe: están determinadas a conservar y desarrollar y transmitir a las generaciones futuras sus territorios ancestrales y sus identidades étnicas[13].

---

[13] La OMPI distingue las categorías de conocimientos tradicionales: los conocimientos agrícolas, los conocimientos científicos, los conocimientos técnicos, los ecológicos, los farmacológicos, incluidos las medicinas y los remedios conexos, los conocimientos relacionados con la diversidad biológica, las expresiones del folclore en forma de música, baile, canción, artesanía, dibujos y modelos, historias y obras de arte; elementos de los idiomas, como los nombres, indicaciones geográficas y símbolos, y bienes culturales muebles. Quedarían excluidos los elementos que no se derivan de la actividad intelectual en el ámbito industrial, científico, literario o artístico, como los restos humanos y otros elementos similares del «patrimonio» en un sentido amplio.

Las ceremonias espirituales y religiosas tradicionales han sido objeto de plagio por personas ajenas a las comunidades autóctonas que mimetizan ritos[14] y gestos sin llegar a comprender el verdadero significado de las mismas.

Por su parte, las poblaciones indígenas no comprenden el sistema legislativo moderno «occidental», aplicable a la normalización de la propiedad intelectual, y viven según los principios y normas de su propio derecho consuetudinario.

La razón natural tradicionalmente ha establecido entre todos los hombres un conjunto de reglas que se han observado por todos los pueblos civilizados, o también la colección de las leyes y las costumbres que arreglan las relaciones y los intereses que tienen las naciones unas con otras: «Derecho de gentes», también llamado con más propiedad y precisión «Derecho Internacional». Se cuestiona al hilo: ¿No son estas intromisiones en las formas de vida de las comunidades indígenas actos voluntarios con la calidad de delictuosos, merecedores por consiguiente de ser castigados a través de una norma punitiva? ¿Existe la coerción y la coercibilidad internacional para proteger estas ofensas al intelecto y conocimientos ancestrales de los titulares de conocimientos tradicionales?

Un sistema secreto excita curiosidad y admiración, cuidadosamente se tiene reservado y oculto. Debe valerse de la habilidad

---

[14] El ritual funciona como una barrera frente a la ingeniería inversa, es un mecanismo que previene la utilización y el desarrollo de tecnologías basadas en la imitación. En el contexto local y en una coyuntura cultural propicia, los sistemas rituales pueden crear derechos exclusivos cercanos a los de las patentes modernas, que confieren a sus titulares determinados derechos exclusivos en relación con los productos, a saber: «impedir que terceros, sin su consentimiento realicen actos de fabricación, uso, oferta para la venta, o importación para estos fines, del producto o procedimiento».

del innovador para evitar la divulgación pública, que quede preservado el propio sistema para seguir siendo secreto, tarea intrínseca y forzosamente del poseedor del mismo.

El mercado y las actuales normas del Derecho de Patentes, que pretenden en los sistemas estructurados extender la protección legal a las ideas divulgadas al público y que se ubican más allá de los límites de la confidencialidad, han perturbado los regímenes secretos con la malla de beneficios derivados para los privilegiados poseedores de los conocimientos al insertarlos en los sistemas económicos. De nada sirven las concesiones de derechos exclusivos limitados en el tiempo a los inventores si se han divulgado sus ideas. Se critica ampliamente el aseguramiento de beneficios y el acceso público a las ideas que deben ser secretas. Únicamente los resultados de dichos secretos (prácticas de medicina tradicional)[15] deben ser el fruto inmaterial que debiera recoger el público o quien tuviera acceso *in situ* a dichas coyunturas temporales y territoriales. Se presume que deben ser beneficiarios aquellos que, reuniendo la condición de tiempo y lugar, gozan del acceso a dichas prácticas con intervención del beneficio de la aleatoriedad y el azar según el caso.

Los Acuerdos sobre Protección de Información no Divulgada (ADPIC) no dejan de presentar ambigüedades en sus exigencias y en las relaciones existentes entre los secretos co-

---

[15] La venta de servicios médicos rituales corresponde a la forma inversa de la técnica de vinculación que caracteriza a las estrategias modernas de explotación de patentes. El titular de estas permite que la otra parte acceda a su propiedad intangible a condición de compra de los bienes tangibles: monopolio.

merciales acerca de la gestión de los recursos naturales. Es decir, si la información es secreta no puede ser conocida en general ni tampoco fácilmente accesible. No debe inferirse un valor comercial porque la información es secreta ni haya estado sujeta a gestiones razonables de acuerdo con las circunstancias por la persona que lícitamente tenga control sobre la información para mantenerla en secreto. Si es secreta, no debe contener el componente mercantil del comercio; no se debe equiparar el conocimiento técnico de métodos mantenido en secreto por las grandes empresas con el conocimiento tradicional que las tribus mantienen en secreto. Se desnaturaliza dicha posesión, como se ha intentado exponer en líneas anteriores. Conocimiento tradicional y secreto comercial patentado se contraponen en la preservación de lo oriundo y legendario[16].

Esta situación está íntimamente ligada a la conservación de las formas de expresión de las comunidades indígenas, como lo plantearon representantes de tribus de América del Norte: *«Nuestro problema mayor es nuestro idioma. Una vez que perdemos nuestro idioma, perdemos nuestra identidad y nuestros conocimientos».*

Los secretos de las tribus y comunidades indígenas se basan en la misma relación y silogismo: trasplantados al mundo comercial y a la explotación económica, desaparecen convir-

---

[16]   Las personas de las comunidades indígenas que fueron entrevistadas en Guatemala y Panamá se refirieron reiteradamente a la «cosmovisión» de los pueblos indígenas y a la espiritualidad inherente a su forma de vida y a la manera de relacionarse con la naturaleza. Estimaban que era necesario que los forasteros comprendieran los principios filosóficos de las comunidades indígenas si desean entender sus costumbres, conocimientos tradicionales, ceremonias y expresiones artísticas actuales y estudiar la forma de protegerlas.

tiéndose en caldo especulativo y desleído de los mercados y el tráfico económico[17].

---

[17] Algunos entrevistados en las misiones exploratorias del Pacífico Sur y África por representantes de la OMPI manifestaron su preocupación ante lo que sienten como una pérdida de los valores espirituales de las comunidades indígenas, particularmente bajo la influencia de la civilización moderna y de una mayor compenetración de las jóvenes generaciones con las tendencias importadas de la ciudad o el extranjero. Las presiones económicas y el hecho de tener que pagar para satisfacer eficazmente sus necesidades básicas obligan a los miembros y a sus autoridades a «vender» su patrimonio espiritual, sus conocimientos tradicionales y expresiones culturales a cambio de una remuneración monetaria o compensación en especie. Es un perjuicio autoinfligido, pues son los propios miembros de las comunidades los que comercializan con sus valores espirituales, sus conocimientos y sabiduría sin informar al comprador acerca del valor espiritual de la información ni pedirle garantías para que la información no sea explotada como un producto comercial más.

V. Epílogo

A través del estudio de las expresiones, conocimientos tradicionales y del folclore, del análisis de diversas misiones exploratorias de los cinco continentes realizadas por la OMPI y la Normativa Comunitaria e Internacional ante los Derechos de Propiedad Intelectual, hemos recorrido y recogido someramente inquietudes, visiones, formas de desarrollo y de supuesta protección de colectivos en su mayoría inmersos en la indefensión.

Hemos contrapuesto dos formas de propiedad: la del Estado y la de las comunidades objeto de estudio, concluyendo que debe ser el primero el que proteja al segundo, siempre preservando sus valores espirituales y económicos en un ejercicio autocrítico para los mercados imperantes en el tráfico comercial.

En la Península Ibérica, durante el Medievo, para los pueblos del norte un simple árbol tenía significado desde el punto de vista religioso y mítico, también político y jurídico[18].

---

[18] «Pensando, en primer lugar, en el roble de Guernica, observaba cómo el nombre "aritz", significaba, a la vez, árbol, bosque y roble, y que semejante agrupación de conceptos se encuentra entre los indoeuropeos. La dignidad superior del roble en el conjunto de los árboles parece, pues, algo que puede tener expresiones religiosas. También otras derivaciones en la heráldica, pero a mi juicio, mas importantes que esta son las jurídicas y legales, que hacen del árbol, del roble y, concretamente, del de Guernica un símbolo superior en la vida de la colectividad». Caro Baroja, J.: Ritos y mitos equívocos, Istmo Colección Fundamentos (1989).

Bibliografía

FOLLETOS 1, 2, 3 OMPI. Parte de una serie sobre propiedad intelectual y recursos genéticos, conocimientos tradicionales o del folclore. Fecha de consulta: 20 de enero de 2010: www.wipo.int

WIPO/GRTKF/IC/5/3: «Consolidated Analisis of the Legal Protection of Traditional Knowledge (Análisis consolidado de la protección de los conocimientos tradicionales)». Fecha de consulta: 24 de febrero de 2010.

Secretaría de la OMPI: «Informe relativo a las misiones exploratorias sobre Propiedad Intelectual y Conocimientos Tradicionales 1998-1999». Fecha de consulta: 28 de febrero de 2010: www.wipo.int/tk/es/tk/fjm/report/index.html

«La protección del patrimonio cultural de los pueblos indígenas». Fecha de consulta: 25 de febrero de 2010: http://www.destiempos.com/n18/cruz.pdf .

CARO BAROJA, J.: *Ritos y mitos equívocos*, Istmo Colección Fundamentos (1989).

WEAVER, T.: *Los indios del gran suroeste de Estados Unidos*. Colecciones Mapfre (1992).

Convenio 169 OIT

Convenio 107 OIT y Recomendación 104.

Declaración interna de Cancún, 2003.

Apuntes refundidos de tutorías de la Universidad de Burgos: «La normativa comunitaria e internacional ante los derechos de propiedad intelectual», 2010.

Sobre el autor

Bernardo Jesús Bados Pérez nació en mayo del 68, por lo que es hijo de la generación más incisiva en el pensamiento liberal de la década. Cursó sus estudios básicos e intermedios a caballo de dos corrientes de pensamiento, aún por entonces unificadas. De familia inmigrante y modesta, optó por su vida laboral anteponiendo la superioridad de la universidad en el extranjero, disfrutando de la generación de los 80 y 90 en las ciudades más pobladas de España.

Su predilección por el arte, la filosofía y la literatura y su involucración en un proyecto de cuatro lustros le condujeron al territorio cuna del castellano hasta completar sus estudios de Derecho en un campus de excelencia internacional. Comprometido con el desarrollo espiritual y la integridad, su vida transcurre en una incansable labor de experimentación sociológica. Amante del silencio, de la transgresión, de los elementos esenciales de la vida, aboga por la estabilidad y la firmeza de una existencia mejor.

www.ingramcontent.com/pod-product-compliance
Lightning Source LLC
Chambersburg PA
CBHW061318140726

47998CB00006B/2454